깊어지는 건물

깊어지는 건물

이영수 시집

문학의전당

| 시인의 말 |

나는 이제야
천사동 구름아파트
창가 수직 절벽에 앉아
실감하고 있다
전자유목의 고단함을

부디 사라지지 말거라
빛으로 굴절된
깊어진 건물이여

2011. 10월
구름아파트 천사동에서

| 차례 |

1부 사물의 기이함

2부 분홍 빌딩

3부 시퍼런 중심

4부 아울렛, 위험한 책방

1부

사물의 기이함

죽은 화분을 육하원칙에 따라 말하다

학교에 보내온
수십 개 칼 맞아 죽은
난초 분을 누가 보고 있다
나는 칼 맞은 화분에 물을 준다
날 선 칼이 살아나 언제
나를 찔러주길 바라며 서성거린다
어디서 칼끝이 튀어나올지 모른다
무엇이 나비나 벌을 불러올까
왜 하필 나비나 벌이 필요하지
나는 화분에서 솟아 나와
깔리는 안개가 필요한데
어떻게 안개가 나를 지우는지
육하원칙에 따라
저 허공을 찔러보면
안개 안개
꽃 터진다

사물의 기이함

더운 여름날 백 번도 넘게
누가 보냈는지
그것이 썩고 있다
비명을 지를 사이도 없이
언제 어디서나
그것이 썩고 있다
창문에 붙어
어디서 온 것인지 모를
그것이 썩고 있다
더운 여름날
무엇을 잘못 먹었는지
그것이 썩고 있다
화분에 거름을 주긴 주어야겠는데
왜냐고 묻기도 전에
그것이 썩고 있다
누렇게 뜬 얼굴로
어떻게 썩는지도 모르고
그것이 썩고 있다

더운 여름날

누가
언제 어디서
무엇을 왜
어떻게 보냈는지 보드고
그것이 썩고 있다

꼬리 달린 집

산꼭대기에 미묘한 균형으로 서 있는 집
아랫동네 교회 십자가가 마당을 찔러
측백나무가 아파 못 견디어 치솟아 나오고
내가 잘린 꼬리에 대한 연민에 빠질 무렵
벚꽃 환한 대문에서 빠져 나온 자전거가
꼬리 하나를 자르고 사라지자
배 불룩한 산은
간지러운 꼬리 하나를
또 낳았다

빈집

산허리에 붙은 처마 낮은 빈집
봄을 타는지 졸고 있다

아무도 그에게 봄이라 말하지 않아도
저 마당에
활짝 핀 복사꽃은

저 홀로 저렇게 얼굴 붉히다 진다

풀씨 솟아나는 곳마다
빈집 마당의 상처가
빠르게 아물고 있다

현기증 나는 가구

나는 허리에 붙는다
누가 뭐라고 말하지 않았는데
자진해서 허리에 착 달라붙는다
새로운 벽에 정착하기 위해
축 늘어진다
나는 오래전
이미 내부에서부터
숙변으로 치장한다
내 가구는 지극히 현실적인 군살을 갖고 있다
먼지 층층이 쌓여 가는 선반이여

구멍

오래전부터 내 해골을 잡고 웃고 있던
실성한 입이
자고 일어난 뒤 옆으로 돌아가고
썩은 구멍 후벼 파
무너지고 있는 눈구멍
털을 심고 있던 콧구멍
내가 씹어 먹고 있는 구멍에
끼인 누구인지 모를 사체
내가 더듬어서 마신 썩은
해골바가지에 담긴 흔들림의 물
여름밤 복숭아는 내가 후벼 파서
문드러진 구멍에서 과즙을 흘리며 미끄러지고
제 속을 치명적으로 찌른 햇빛
헐대로 헌 바위 틈새 뱀 구멍에 걸린
철 지난 허물이
지랄 같은 내 구멍에도 걸려 있고
다시 구멍으로 들어가기 위해
화사한 긴 옷을 벗고 있는
뱀

경우의 칼

살아가는 중 온갖
경우의 죽음을 시도하는 너
정말 보기가 안쓰러워
칼은 이렇게 쓰는 거야
자기가 어떻게 죽은 줄도 모른 채
눈 치뜨고 나를 보는 너
나는 너를 본 적이 없다고 그랬다
그랬기에 내 속에 빽빽이 꽂힌
너를 본 사람은 더더욱 없지
내 머릿속엔 경우의 칼들이
언제든지 나를 찌른다
모든 경우의 삶 중에서
가장 질긴 운명 하나를 뽑아
단칼에 너를 죽일 수만 있다면

책冊

뭐라고 딱 부러지게 말할 수 없는
엉덩이를 가진
느릿느릿 오늘밤 길이 없는
나를 넘어가는 달
6백만 년 전 실종된 한 사내를 찾아
얼음 속에 갇힌 책이 멸종하자마자
나타난 잠이 없는 생쥐
송곳니가 길대로 길어
10억 년 전 책 속의 달과 교접했던 나는
딱 부러지게 말할 수 없는 어둠
날카로운 이로 달을 갉는
생쥐

비대한 의자

백주대낮 공공장소에서 사지가 잘린 채 어떤 확신을 가지고 앉아 있는 등 돌린 어리석음이여 흔들흔들 와서 앉아라

쉬고 싶어 앉았는데 물고 늘어지듯 비대한 내 몸을 비트는 의자 나는 비곗덩어리의 의자를 내 몸에 넣는다 내 밑에 깔려 나를 쥐어짜는 아주 굼뜨는 의자의 게으른 부동이 나를 끌고 간다 무슨 편안이 이토록 내 위에 올라타고 앉아 흔들거리는지 손가락을 들고 불편함의 구석에 의자를 쑤셔 넣는다 살찐 의자가 일어선다 흔들리는 불편함이 살며시 따라 나선다

탑

탑의 장문 아래 주렁주렁 매달린 천 년 전 목 잘린 미소를 본다 풍경에 긁힌 창문마다 바람이 울고 있다 나는 바람에 뛰어들고 싶어 흔들거린다 나의 도우미가 뛰어와 물었다 괜찮아요 그녀는 TV로 세운 탑을 모른다 탑의 창문이 뭔지도 모른다 그녀는 나를 자꾸만 천 년의 미소관으로 가라고 한다 나는 아식 숙어 미소를 지을 때가 아니라고 말하지만 그녀는 막무가내로 나를 웃긴다 쓸데없이 웃자 나의 그림자가 없어진다 나는 탑이 다 된 것 같아 그녀에게 내가 보이냐고 물었다 그녀는 머리에 손가락으로 구멍을 파면서 나를 웃겼다 그녀와 나는 탑 하나를 사이에 두고 서로 알아보지 못한다

씨앗 베개

불면증이 있는 내 머리를
씨앗 베개
가볍게 받치다

뒤척이며 돌아누울 때마다
내 귀를 갑자기 물어뜯는 베개

매화나무의 두런거림이
귓속을 후벼 파 바람 소리가 귀를
아리게 한다
잠은 오지 않고
매화나무의 환함이 나에게 놀러왔다

마당 구석에 있는 듯 없는 듯
오래 묵은 검은 매화나무가지에 앉아
온 집안을 다 울리듯
쪼고 있는 붉은 머리 딱따구리
툭! 내 머리 속으로

환한 꽃잎을 흘리다

빨간 실내

빨간 실내에 앉아
여인이 달빛을 자른다
달이 둥글게 다듬어진다
달빛이 드러나고
내가 앉아 있던 의자가 길어진다
빨간 마을이 무심코 걸터앉았다가 잘린다
잘려나가 꿈틀거리는 마을이
산 밑에 또 생긴다
빨간 실내의 갈라진 모서리마다
달빛을 쏟아내며 빨간 문
밖으로 걸어 나간 나를
물어뜯던 빨간 개미
빨간 책상이
서랍을 둥글게 말아 넣고
나를 불렀다 언젠가
빨간 실내였던 사내의 마음 같은
빨간 고깃덩어리로 뭉친
달을 파는 정육점

집게

바다를 잃어버려 휑하게 뚫린 눈으로 하늘을 쳐다보는 눈이 애처로운 물고기를 이해하기 위해 빨랫줄에 헐렁헐렁한 물 뚝뚝 떨어지는 꽃무늬 셔츠를 널다

꼬챙이에 아가미를 꿰어주자 부레가 없는 물고기는 빨랫줄에 매달려 눈물을 뚝뚝 흘린다 물고기 배에는 대 꼬챙이를 끼워 통풍구를 만들어 준다 햇살에 물고기가 꼬들꼬들 마르고 있다

꽃무늬 셔츠를 물었던 입뿐인 집게 나를 꽉 문다
집게 날아라 어디로? 내장이 비어버린 물고기한테로

집게에 집힌 물고기의 탈골된 뼈들이 비비 꼬인다 옥상 위의 물고기에게로 파리가 날아들자 물고기는 냄새를 흘리며 더 깊고 고요해진다

하늘을 뒤 배경으로 문 집게는 어디를 물든 단호하다.

심심한 책상

그 책상은 비 오는 금요일
미완성인 채 나에게로 왔다
읽지 않는 책을 쌓아 놓자
책상은 자신의 일을 시작했다
차츰 책상의 윗면은 사라지고
무거운 책이 되어 갔다
책은 처음부터 복잡하지도 않았고
의도적으로 단순해지지도 않았다
책을 읽어감에 따라 책상은 평면성을 잃어 갔다
그 책상에 붙잡힌 나는 점점 무겁고
거추장스럽게 되어 운반하기도 힘들었다
나는 무엇으로 어떻게 취급되어야 할지 알 수 없다
구석으로 치워진 나는
그 책과는 아무런 관계도 없어져
더 이상 아무도 내게 책을 읽어 주지 않는다
나는 무엇에 쓸지 알 수 없는 미지의 도구다
내 허리에서 아무리 출렁거려도
불편하지 않는 군더더기들

벼락 맞은 저녁
부러진 한 그루 단풍나무인 채로
서비스와 A/S를 거부한
책상은

거울

귀기鬼氣 서린
거울의 입구에 그 여자는 산다
나는 하루 종일 눈이 부신
밝은 방들을 보러 다닌다
좁은 문을 열고 들어가면
난데없는 저수지를 반사하는 여자
거울의 수면에 얼굴을 띄운 채
그 여자 거울에 반쯤 잡아먹히고 있는 중
나는 거울의 수면을 빠져 나온다
이면의 얼굴이 반짝반짝 깨져 내린다
살덩이를 사방으로 튕기며
수많은 그 여자 반사된다
그늘 깊은 나무가 되고 싶어
나무에도 그 여자 박힌다
산 넘어 넘어 흘러가고 싶어
구름에도 그 여자 박힌다
제 발등을 찍고 싶어
발등에도 그 여자 박힌다

날아가는 새가 되고 싶어
날개에도 그 여자 박힌다
반사될수록
끈적끈적한 내 살을 찢는
그 여자의 각角

바위

그 마을 사람들은 모두 다 여름날 마당 안의 바위 위에서 국수를 먹는다.

고춧가루가 노을처럼 국수그릇에 풀리는 저녁

금간 바위 속에서 돌꽃을 문 고추잠자리가 솟아 나온다

고요한 허공을 꼬리 물듯 맴돌고 있는 저 고추잠자리의 어지러운 환락경歡樂境

한낮 내내 돌 속을 파고든 햇살이 무거운 돌을 들어 올리고 있다는 생각에

가만히 등을 대고 눕다 바라본 집 뒷산은

산의 상처가 뒤엉켜 뒹굴고 있는 너덜겅이다

바람에도 쉽게 부서지는 바위 가운데로 아버지가 걸어간다 암장된 마을의 집과 소

닭들이 바위 속에 눕자 눈물처럼 다시 새가 솟아 나온다

바위 속의 사람들이 퍼런 바위 손을 허공에서 흔드는

마을은 풍장風葬한 바위들이

가볍게 가볍게 허공중으로 사라진다

하늘 약국 II

하늘 약국 어디인지
알 수 없는 곳에서 문을
여는 날 비가 내리니까
새파란 하늘 약국으로
뛰어드는 새
어둠에 쌓인 초승날
조제한다 부서지는 달빛
구멍 뚫린 하늘 약국에서
눈물이 보일 듯 말 듯
추적추적
걸어와 앉는
흐린 날
구멍 난 내 뼈는
구름을 먹는다 뼈가
지긋이 아프니까 또
바람을
먹는다 눈도 없는
중심도 없는 통증
번진다

전기의자

여름날 퓨즈가 나간 나를 버린다 토막 난 나는 가방 속이 편하다 가방 구석에서 꿈틀거리는 전기 구름, 머리에 쓴 채 내 자리에 나는 앉는다 망각의 전기 충격이 가해진다 그것마저 믿지 못해 구름 속에서 튀어나온 번개칼, 내 머리를 찔러 기억의 창고를 부순다 내 이승의 생이 방전된다 죽어 가는 동안 가방에 쪼그리고 앉아 경직이 온 근육 풀기, 숨 쉬지 않기, 또다시 부담스런 윤회 속으로 빨려 든다 길이 아닌 이 세계로 다시는 돌아오지 않으리라 전기의자 가득 위험한 인간의 무덤을 열고 내 전생의 새 떼 날아간다 여름날 떠도는 미증유의 혼돈 속에서 꺼낸 빈 전기의자에 한번 앉아 보실래요

2부

분홍 빌딩

깊어지는 건물

요즈음 건물은 높아지는 것이 아니라
거룩하게 깊어지는 것을 숭배하도록 건설된다
깊어진 건물의 벽면에
고흐의 불타는 측백나무를 심거나
전자유목의 시대가 도래한 이상 뛰어 본들
우리의 길들은 난수 하나로 미끄러지거나 멈춘다
들판의 소들은 이미 포장되어 냉동 보관될 뿐
질리도록 많음이 공포를 수반하지 않는다는 것을 알기에
건물을 떠나지 못한다

오늘도 우후죽순처럼 솟는 대형유리의 방주를 보며
사각지대란 존재하지 않는 것
내부에 다시 볼록거울을 내장하거나
비상구를 통해 지하의 사각 무덤 자리에 누워도
꿈자리는 편해지지 않는다
소라껍질 같은 무덤의 입구를 지나 나와도
달은 보이지 않는 것 우리들은 달을 잊었거나
사방에서 보아도 달이 보이지 않게 설계된
거룩하게 깊어지는 건물을 숭배하게 된 까닭이다

썰어주는 집 1

국도 33번가를 지나갈 때, 내가 던져 버린 빌렌도르프의 돌 여자, 섬진강가 저런 뭉텅한 돌을 누가 주워갈까, 가을날 바람 머금은 구름을 잉태한 여자, 구름 깔린 지리산을 낳고 있는 여자

자연사 박물관에서 멍하게 나를 기다리는 여자, 바람만이 너를 만나고 먹구름 속에서 금방 나와, 눈썹의 돌가루를 털고 눈을 뜨는 벚꽃같이 울음도 화사한 여자

여자는 고통의 잘 떨어지지 않는 낙태된 새를 끄집어낸다

화석으로 굳어진 새, 깨진 돌 속을 기어 나온

저녁 무렵 붉고 큰 발자국이 선명히 찍히는 하늘 어디에도 새는 없다 달빛에도 숲은 쉽게 쓸쓸해진다
내 마음에 문신처럼 암각된 국도 33번가 기울대로 기운

썰어주는 집 궁금하다

다시 붉은 나무로부터 10년

내 방은 무덤으로부터 너무 멀리 떨어져
창문을 열면
과수원의 붉은 사과들이 달빛으로
엉덩이를 씻고 있다

나는 붉은 나무로부터 죄 없는 달을 떼 놓는다
사과나무 위에서 달이 나를 내려다본다

이것 봐
허공에 매달려 있는 것이
꼭 내 똥구멍 같군

아무리 힘을 주어도
쉽게 배변되지 않은
붉은 사과밭은 어둠으로 뭉친
혹 덩어리다

분홍 빌딩

리히텐슈타인의
행복한 눈물이 걸린
내가 만난 분홍으로 칠해진 빌딩
옆으로 깊어지면서
허리가 아프다
나는 분홍 빌딩을 한꺼번에 올라간다
머리가 아픈 분홍 빌딩이 창문을 연다
흰 비둘기가 날아든다
분홍 빌딩이 나를 먹는다
내가 아는 분홍 빌딩은 거짓으로 열린다
열린 적이 단 한 번도 없는 분홍 빌딩의
벽을 타고 창문을 엿보는
6살의 어머니와 나를
기다리는 60살의 딸아이
내가 빠진 분홍 빌딩의 내부다
하늘이 분홍으로 보인다
실내가 분홍으로 바뀌고 있다
구름과 같이 떠가는 분홍 빌딩은 자극적이다

나는 분홍 빌딩의 내부를 올라간다
내가 읽은 분홍 빌딩의 6층에서 만난
딸아이는 60살 나는 30살
분홍 빌딩 행복해서 어쩔 줄을 모른다

모네의 연못

모네는 물잠자리연못에 너무 오래 빠져 있었지
물잠자리 날개에서 부서지는 햇살처럼 살자던
물 위의 정원은 더 이상 없네
햇살은 연못 속에 파닥거리는
태양의 비늘을 던져 넣고
연못은 비단잉어를 기르며 늙어가네
잉어도 부드러운 수양버들 수염을 기르고
모네의 수염도 휘날리는 수양버들 가지를 닮아
연못 속을 휘젓고 있네
수련은 햇살 속에 물수제비처럼 떠있고
눈이 보이지 않는 모네의 그림은
벌써 햇살 덩어리네

햇살

연산홍 꽃이 터져 나오는 순간
저 화사한 꽃이 거짓말 같다
겨울을 견딘 뒤 터지도록 입을 벌린 꽃들은
해가 져도 시끄럽다

무심코 북상하다
뒤따라 푸름이 터져 나오며
깊고 깊은 그늘을 오랫동안
퍼내고 있다

나는 오랫동안 나무 아래 잡혀 있다
푸름 속 언뜻언뜻 보이는 햇살은
어둠 속에서 나를
노려보던 개의 불 켠 눈을
닮아 있다

저 햇살도 드러난
흉기다

애꾸눈 잭이란 놈

저 키 큰 나무가 보이지 않고 희뿌연 안개로 가득 차 새로 심은 개 눈깔을 보이려고 안과에 갔다 원장은 백내장 수술 중이라며 그 모습을 생중계하듯 보여 준다 조심조심 안개를 빨아내는 줄 알았는데 그게 아니다 눈동자를 쭈룩 잡아 째고 그 속을 푹 찌르고 팍팍 긁는다 눈알이 툭 터진다 영락없는 개 눈깔이군

수술 장갑을 끼고 습관적으로 눈알을 빼서 쪽쪽 빠는 안과 원장 그는 안개 갇힌 하얀 구슬 수십 개를 갖고 논다 터진 구슬 속에다 공기를 잔뜩 불어넣고 논다 살 속에 녹는 실로 깨진 구슬을 꿰매면서 논다 푹 꺼진 눈구멍 속에 하얀 구슬 하나를 던지면서 논다 애꾸눈 잭이란 별명의 친구가 그였는지 몰라 불분명한 기억의 한계여 내 눈에 둥글게 굴러가는 안개를 뿌려다오

숨은 그림

달나라로 가는 색칠 공부
분홍 입술의 어머니 그대로 서 계세요
토끼는 눈이 아파요 파랑 눈 검정 코
털이 듬성듬성 빠진 빨간 토끼를 내려놓다
비행접시 위에 그대로 둔다
토끼는 지 혼자 새끼를 많이 낳고
달나라가 토끼로 넘친다
빨간 토끼를 타고 지구로 돌아오는 숨은 그림
수풀은 풀벌레 소리로 벌써 가을이다
달빛도 내려와 있다
분홍 입술의 어머니
몽당비로 무엇을 쓸까 고민 중
심심한 달빛이 마당을 다 쓸고 있다
다른 그림도 비슷하다 생각하고 찾아보세요
찾은 토끼는 돌절구에 달을 찧고 있다
엄마 저 달을 꺼내주세요 달빛이 부서져요
밤에만 불빛이 있는 저 먼 우주의 동물들
노란 눈빛을 반짝거린다

가볍게 죽음이

빠르게 당신의 목숨을
밟고 지나가는
부지런한 죽음이 일을 하고 있다
아주 사소한
늘
당신이 걸어왔던
닳고 닳아 꼭 닫히지 않은
문지방을 넘어가는
부지런한 집개미를 밟으며
아주 가볍게
죽음이
그 흔한
일을 하고 있다

헛기침

강산이 변해도 아버지는
헛기침으로 집을
들어서고 있음이다
부고訃告는
아버지를 따라 집 마당으로
들어서지 못하고 내문 밖
새끼줄에 끼여 슬픔이
탈색되고 있음이다
아버지는 노크도 없이 헛기침으로
방문을 들어서고 있음이다
뒷간에 앉아 헛기침으로
헛간에서 아직 암소를 키우고 있음이다
집 곳곳 아버지가
헛기침으로 살고 있음이다

물길

강화도에서 물을 느끼다
질편하게 누워 있는
진창을 만나다
굽어 있는 물길을 그리워하는
배를 만나다
나도 늘 굽은 길들의 안쪽을
그리워했다
저 무시로 빛나는 서해 위로
해
떨어진다 나는
저녁 물길을 따라
걷다 서다 했다

따우따우*

까마득한 절벽의 암혈에 서면 눈물이 마르고 손발의 갈라진 틈 새로 햇빛이 빠져나간다 바람 든 몸으로 나는 기다린다 나를 내려 줄 이, 저 먼 데 길 끝쯤, 나처럼 기다림에 바싹 마른 마을, 나는 침묵으로 굳어 가고, 나를 먹는 벌레들의 기척에, 내 몸에서 어둠을 뽑아가는 대로 가득 채워지는 길, 하루에도 억겁처럼 깊어진 길을 안고 쭈그러지는

* 죽은 자의 모습을 나무로 깎아 만든 인형

알타미라

동굴 속에 돌무더기처럼 똥을 쌓아 놓고
제 똥을 피해 힘에 부친 듯
동굴 천장에 붙어 바위를 뜯어먹다
제 똥에 퍼질고 누운 채 게으름에 빠진
살가죽만 남아 추억의 눈에 불 켜고
울퉁불퉁한 바위 속에 깊이 고집의 뿔을 꽂아 넣고
더 깊어지는 동굴 속으로 들어가는
들소

와불 속을 걷다

누워 있는 부처 뱃속을
들어갈 수 있다는 말이
날 이끌었다
몇백 년을 산 소나무
속을 걸어볼 수 있다니
모은 양발 밑에 뚫은 구멍으로 들어갔다
일념으로 걸어가는 보살을 뒤따라
발뒤꿈치를 들고 걸어갔다
오만 가지 생각으로 와불의 앙상한
늑골 어디쯤 왔는지도 잊는데
보살들은 뱃속에서도 연신 합장을 풀지 않는다
나는 부처의 겨드랑이쯤에서 갑자기 웃고 싶어진다
반개한 눈으로 짐짓
딴청을 피우듯 누운 그 속뜻이야
내 알 바 아니지만
깨달음의 속을 걸어 본
나의 양심이란 것이
도무지 사악해서

사도세자는 뒤주 속에 산다

망경동으로 이사를 갔다 앞서 살던 사람이 쓰레기더미 옆에 버려두고 간 쌀뒤주를 하나 주웠다 혹 돈이 될까 싶어 이삿짐을 풀면서 부엌에다 들여 놓았다 그런데 그게 문제일 줄이야 밤마다 부엌에서 달그락거리는 소리가 들려 밤잠을 설치기 일쑤였다 처음에는 생쥐이거니 생각하고 고양이 새끼를 한 마리 구해 키울까 고민 중, 꿈속에서 나를 부르는 소리를 환청같이 들었다 쥐가 날 부르다니 요상도 해라 잡을 결심으로 빗자루를 들고 살금살금 부엌으로 갔다 생쌀 씹는 소리가 들리고 간간이 흐느껴 우는 울음소리 애처롭게 들려 게 누구냐고 물었다 그런데도 계속 울기만 하여 뒤주의 문을 열었다 백열전등 아래 좀이 파먹은 사도세자가 기어 나와 내 손을 맞잡고 어디냐고 물었다 나는 열심히 전세방이랑 골동품이 된 뒤주랑 내가 입은 청바지와 전깃불에 대해 설명했다 사도세자는 자신을 죽음으로 몰아넣은 당파싸움이 끝났냐고 물어 나는 색깔을 달리한 정치상황을 들려주었다 다 들은 사도세자는 골치 아프다며 다시 뒤주 속으로 들어가 생쌀을 씹기 시작했다

철인국가

밤새워 철인 국가에서 쓴다 모든 말들이 삐걱거린다 가벼운 돌덩이가 내리고 나는 인식의 무거움에 고개를 떨군다 살아남을 묘책이 없다 내가 쓰는 시는 너무 느리다 오늘도 수배전단에 내 이름이 오른다 검거 도장이 찍힌 시인의 은유를 이해 못해 또 살해, 나는 점점 살인의 재미에 빠져 증거물을 남긴다 비상 연락망에 설린 저항은 밋밋하다 돼지들아 날 잡아봐 내 칼 아래 무릎을 꿇고 온몸으로 시를 진술하는 사각형의 기억, 난도질한 초승달, 꽃잎이 독한 향기에 절어 떨어진다 자해의 두 손을 묶는다 젖은 수건을 입에 처넣어준다 입이 축 처진다 비가 떨어진다 물이 차오른다 털로 된 점심 식사, 털로 덮인 컵, 털로 덮인 입, 당신이 먹고자 하는 부위를 뽑으시오 비가 꽂혀, 살해된 구름의 눈물, 내가 빗방울의 올가미에 목매달려 혀를 빼문다. 메롱!

울음의 여관

집을 나가 돌아오지 못하는 것에 대하여
우리 집은 관대하다
돌아올 누군가를 위해 대문을 닫지 않는다

집을 너무 일찍 나가버린
동생의 울음도 돌아오지 않는다
우리 집에는 아무도 살지 않는다
모두가 다 집을 나가서 돌아오지 않아
기다리기 지루한 잡초들이 마당을 지운다

죽음이 집 나가고 생명도 집 나간 후
우리 집에 돌아 와 잠자는 저 길손의
한 번밖에 잠들지 못하는 꿈과
도둑고양이의 발정 난 울음

내가 낯선 곳을 돌고 돌아
바다 옆 파도 소리를 토해내는
우리 집에 들어섰을 때

졸린 날을 머리에 얹은 내 아내가
숙박계를 내밀고 있었다
우리 집은 집 나간 길손들이 스쳐 가는
울음의 여관이로다

썰어주는 집 2

썰어주는 집 푸른 창문이 열린다
장미꽃을 한 다발 목에 꽂은 그 여자
유리창을 닦는다
그 아래 전문 수선집
창가에 재봉틀을 돌리는 사내
뻥 뚫린 그 여자의 눈을 깁고 있다
실눈으로 단추가 들락거린다
언제나 처음처럼 떠나버린 몸을
기다리고 있는 헐렁헐렁한 옷들
닳아 터진 뱃속에서 치솟는 실뿌리가
이미 허공에 가득 찬다
내가 건져 올린 절단된
그 여자의 손
복도 끝 창문에 매달려 꿈틀거린다
툭툭 튀어 오르는 팔과 다리의 혈관마다
장미꽃들이 피어난다
가시들이 꽃을 따라 살갗을 찌른다
복도의 끝 검은 액자에서

시작된 어둠이 부풀어 오른다
내 안 심장에서 둥둥 북 치는
그 여자 가슴에 조각칼로 서랍을 만든다
손잡이마다 멍한 눈을 하나씩 단다
서랍이 달린 그 여자
다 열어보는
썰어주는 집의 사내
혼자 바쁘다

지하철

지하철은 풀어보기 어려운 길이다
왜 죽자고 땅굴을 파며
저렇게 흔들리며 가고 있는 것인지
왜 등 굽은 지상의 풍경은 들어오지 않은 걸까
오늘이 13일의 금요일이 맞는가
내 무덤의 풀은 언제 이렇게 길게 자랐는가
쇳가루 날리는 목침은
너무 딱딱해
들어오면서 저 째지는
신경발작
그런데 새는 왜 사라졌을까?

3부

시퍼런 중심

불길한

보이지 않는 것이 나를 지나간다
보이지 않는 것이 나를 경직시킨다
나를 지나간 소리가 공포를 만든다
보이지 않는 것이 나를 눕힌다
보이지 않은 것이 나를 겨눈다
반드시 피해야 할 어떤 것도 아닌
오래전에 나를 지나간 그 무엇을
어떻게 구분해야 할까
누군가 오래전에 나를 겨누고 있다는 생각에
보이지 않는 그가 나를 지나갔다는 생각에
알아서 하는 노련한
그 무엇에 맞는
불길한

해골 청소

일부러 머리를 복잡하게 굴린다
부정한 생각들이 고인다
열 받으니까 내 해골에는
얼음 나무가 자라지 않는다
왜 얼음 나무지
원숭이가 올라갈 수 없기 때문인가
내 머리칼을 뒤적이며 이를 잡는 바람에
나무는 금방 녹아내린다
나는 썩은 물이 고이는
내 해골을 납골당에 넣는다
생각이 없는 내가 말한다
니 해골 청소라도 해줄까
고이는 썩은 물이라도 마실까
생각의 먼지를 일으키며
나를 사냥하는 재규어
니 눈 밖으로 몰아내 줄까
그늘이 짙은 내 눈구멍에
얼음의 기념식수를 한다

시원하다

시퍼런 중심

나는 의심하지 않는다
죽음의 오랜 공명 뒤
물의 신경으로 이어진
저 살아 있는 물 위의 한 점이
나의 불온한 생각을 먹을 때
바람의 식탁마다 파도 소리
붉은 석양을 온몸에 두르며
나는 더 이상 침묵의 섬이 아니다
더 낮아질 수 없이 낮은
오래된 등줄기에 심어진 흰 나무가
외눈을 뜨는 밤마다
내가 읽은 엽기적인 섬 속으로
느릿느릿 들어가는 달 뒤
시퍼런 중심이 확 밀리며
제 살을 깎아먹은
서투른 식사로 출렁거리는
섬

죽음이 계속

입 벌린 꽃병 속에 꽂혀
붉게 꽃 핀다 물만 먹고도
계속 붉게 꽃 핀다
무섭게 보송보송 마르고 있는
안개꽃에 파묻혀 누렇게 뜬
바삭거리는 내 얼굴을 들고 간다
나의 영정 사진은 늘 젊다
목 졸린 채 못에 걸려
보송보송 내가 마르고 있다
젊은 날의 내가
목 졸려서 계속 붉게 꽃 핀다
잘린 목에서 또 안개꽃 핀다
내 목을 뚫고 검버섯
죽음이 계속

현기증

베개를 밟고 올라서다 넘어진
붉은 가구가 있는 방에서 나는 너다
장롱의 나비 장식으로 빛나다
장석의 모서리가 일어선 뒤
내 살을 긁어댄 적이 있는
불편한 나에게로 온 너는 나다
씹다가 붙여 놓은 껌처럼 장롱 밑에서 검게 굳어
잊어버린 뒤 오늘에야 발견된 나는 너다
왜 남겨진 사진 속에는 늘 꽃들이 화사하지
재봉틀 서랍에 숨은 생쥐를 잡던 어린 시절이
그리운 오늘밤 나는 너다
붉은 가구가 있는 방에서 죽었다는 말이 있는 나는 너다
200년 된 나무 속에 누워 문지방을 넘어서면서
박 바가지를 깨뜨리는 나는 너다
붉은 황토방에 누워 온몸으로 울고 있는 나는 너다
물그릇도 있고 놋쇠요강도 놓여 있는 나는 너다
깨진 유리병이 꽂혀 있는 식탁도 있는데
문구멍은 왜 아직 썩지 않고 숭숭 뚫려 있지

이 현기증 나는 기구의 바깥 풍경을
가로지르는 새 한 마리의 적요寂寥

저장된 것들

저 문을 들어서면
비슷한 변기통 입을
쩍쩍 벌리며 일렬로 서 있다
우리는 저장된 물을
변기통에 버린다

저 문을 들어서면
무거운 의자들 일렬로 앉아 있다
우리는 무겁게 저장된 발자국을 버린다
저 문을 들어서면
수도꼭지 저장된 물의 밧줄을 풀어 놓는다
모두들 손을 털고 나왔다

저 문을 들어서면
저장된 새로운 사이트
페이지를 표시할 수 없습니다
난 우선 저장된 똥을 먼저 버렸다

환몽, 두 귀

그 저녁의 고속도로
풍경을 끌어당기며 속도에 빠져드는 그대
바람을 찔러 넣는 순간
아픔보다 시퍼런 칼날을 들켰으나
도망치듯 달려나온 절개된 산 뒤의 하늘이
두개골을 연다 구름의 뇌수는
지금 붉은 황혼을 피워 올리며
절대의 어둠을 골라내서
지상으로 던지고 있다
엄청난 속도로 달려가는 차 유리마다 엉겨붙은
느글거리는 생각의 구름에 젖어
남겨진 한 개의 붉은 눈동자도 이글거리다
산발한 산 속에 처박힌다
밤을 토해내며 울음에 파묻히는
두 귀

오래된 편지

내 기억이 정확하다면
저 집 다락 밑은
듬성듬성한 이빨로 고양이를 삼킨 오래된 우물이었다
나는 고무신을 건지려 오래된 우물 속으로 들어갔다

내가 쏘다녔던 저 과수원 사과나무 밑은 길이었다
싯누런 구렁이를 때려죽인 뒤 소풍날만 되면
비가 내리는 날의 연속이었다

나는 내 몸속에 다락 같은 어둡고 어둔 우물을 파고
사과밭을 가꾸며
높은 나무에서 떨어져 내릴 때도
고양이의 몸짓으로 말짱했다

아무 생각 없이
사과를 한 입 베어 물 때마다
묻어 나오는 핏자국도 다 구렁이의 피다
아직도 꿈틀거리는 구렁이의 꼬리가 나에게

악몽의 신긴 편지를 쓰고 있는

아무도 읽어주지 않는 오래된 편지

잠

아홉 개의 뿌리 밑에 누운
나는 너를 모른다
네가 보는 저 하나의 기둥은
온전한 채식주의자의 식탁
빙 둘러앉아 나를 쪼갠다
둘에서 넷
점점 작게 머리에서 어깨 사이
칼날을 피해 새를 넣어 키우고
귀는 온전하게
폐는 누구에게 주어야 할
날것의 몫으로
다리는 45℃ 비스듬히 자르고
무너져 내리는 논두렁의 말뚝으로
붉게 박힌다
변성의 잠 밑으로 이동하고 있는
머리 아홉 달린 나는
늑대가 될 것이다 간을 먹고
달빛을 토해 우-우

이사하는 긴 털의
밤

환몽, 사이버

내가 누구인지 말할 수 있는 자는 누구인가
나는 누구이며, 어디로부터 왔으며, 어디로 가고 있는가

숨을
집을 구하다
창문 뒤로
절벽이 솟아 있으면 좋겠다
절벽을
거슬러 들어오는 달빛
이라도 비추면 좋겠다
얕은 우물에
달
쉬어갈 집이라면 좋겠다
오죽烏竹
한 촉이 서늘하게
달빛을
베어
바람이라도 잠시 숨죽인다면

선인장

선인장을 보다 발을 잃다
가시 박힌 내 혀를 끊어 뱉다
방안의 선인장은 이미 선인장이 아닌 것이다
허공이 왜 이렇게 아픈 거야
새어나간 말이
사방 방을 찔러대며 아픔을 모아 둥글게
둥글게 허공을 밟고 올라가는 저 초록구름 가시가
책상을 찔러 그 위에 놓인 시를 찔러
아프려고 애쓰는 TV를 찔러
선인장은 더 이상 모래사막의 메마른 바람을
찔러 살아가는 꽃이 아니라고 우기면서
버릇처럼 가시 박힌 혀를 끊어
제 머리 위에다 또 뱉는 중이다

도마의 말

진중권의 생각으로 대신 말하기

그날
사실 사실의 영역을 떠난 현상이지
그날
사실 과학은 신화가 됐고
그날
사실 학자는 영웅이 됐고
그날
사실 기대는 종교가 됐고
그날
사실 판단은 신앙이 됐고
그날
사실 비판자는 가룟 유다가 됐고
그날
사실 검증은 마침내 최후의 심판이 됐다
그날
사실 의혹을 제기하기 위해서는 목숨을 걸어야 하지
그날
사실 내가 그 손과 발의 못자국을 보며

그날
사실 내 손가락을 그 못자국에 쑤셔 넣으며
그날
사실 내 손을 그 옆구리에 넣어 보지 않고는 믿지 아니하겠노라
그날
사실 나는 침묵으로 신의 재림을 거부했다

어둠에 대한 명상

저녁이 스스로 붉어질 때
누가 어둠을
탁탁 때리며
퇴적되고 있다
달력 두 개를 얻어 옆구리에 끼고 가는
그의 달뜨는 날은
몇 월에 있는 걸까
장님을 이끌고 있는 장님
앞장선 이가 흰 지팡이로 길을
탁탁 때리며
허공을
확
열고 있다

사적인 시

내 시는 생각 속의 생각과 같은 독백이어서
그냥 버리기로 하였다
내 시는 내 몸에서 떨어져 나온 먼지와 같아서
그냥 버리기로 하였다
내 시는 내 머리 속에서 계속 확장하는 구멍이어서
그냥 버리기로 하였다

내 방에는 시가 없다
내 몸을 떠난 먼지가
켜켜이 쌓인 채 나를 경건하게 한다
나를 덮고 덮어 집개미들이 기어 나오게 한다
내 시는 너무 오래 방치되어서
나는 조용하게 되돌아가고 있는 중이다
책장 뒤 사소하게 뭉치고 뭉치면서
어쩌자고 살아 굴러다니며
탐하는 풍경이란
차 암

가죽

아프리카 초원에서 스친 가죽을 다듬다
문신처럼 베인 상처를 발견한다
살기 위해 누군가 먼저
가죽에 상처를 입혔다는 증거
혹 느껴보았는가
껍질 벗겨진 등가죽에 빌붙어 있는 뱃가죽의 비굴함
단호하게 입고 나간 아프리카 산
표범의 옷 뒷등에 나 있는 이빨 자국
나무 위에서 포만감을 즐길 사이도 없이
도망가다 물린
무심코 입다 위협을 느꼈을 때
야성의 본능을 다 버리지 못해
아직도 털 곤두서는 가죽

自畵景, 염소

난 혼자서 내 길을 간다 길은 잘 알고 있지만
난 절대 골인할 수 없다
출발점은 조그만 말뚝에 있다
땅은 부드럽고 작은 시냇물은 머물다 가라고 나를 유혹한다
나중에는 흙먼지 낀 버드나무들이 나오는 시골길이다
난 마음을 다잡고 계속 간다
이번에는 꿈의 끝이 다르다
버드나무들이 늘어선 시냇물을 지난 뒤에는 숲으로 들어간다
그곳에서 달아나는 세 마리의 이상한 동물을 본다
어쩌면 그런 의상을 입은 사람인지도 모르겠다
당나귀 옷을 훔쳐 입은 가면무도회가 시작된 것이다
내 얼굴을 들여다보는 것은 금지되어 있다
나는 풀을 뜯어먹으며 계속 원을 그린다
어느새 우리들은 엉덩이를 붙인 채 모여 있다

自畵景, 벌 한 마리 때문에

죽은 벌 한 마리 주위로
자꾸만 모여드는 집개미가
살 흙바닥이나 썩은 나무라곤 없는데
아파트 계단에 버려진 죽음은 냄새를 흘리고
부패에는 저렇게 난데없는
산 입이 꼬이는 거다

편안하게 누워 제 몸을 내어주는
물어 뜯김이 고스란히
내 피부에 소름으로 돋는데
집개미가 날개를 뜯어가도
완벽한 죽음은 저렇듯 편안하다

저렇게 바글대는 집개미를
불러들이는 설익은 죽음이
내 몸 어딘가에 있는 탓일까
내 방을 수시로 들락거리는 집개미가
기어 나올 때마다 손톱으로 꾹꾹

눌러 죽음을 쌓아가고 있는
일 년 중 해가 제일 긴 날의 하지
죽은 개미를 물고 가는
집개미의 저 집착 때문에

自畵景, 易經역경

그 책이 나에게 새를 보내왔다
봄도 오지 않았는데
난 그 새를 따라갈 생각으로 겨울옷들을 챙겼다
그 책을 펴자 역驛은 낯선 도시에서
가장 높은 곳에 있다
너무 늦게 역에 도착할까 봐 두렵다
기차 소리는 아직도 멀리서 들려온다
나는 역으로 가는 거리를 찾지 못해
집들을 뚫고 간다
앞서가는 네 명의 초라한 인물들도 나와
똑같은 욕구에 사로잡힌 게 분명하다
집들은 그늘을 마당으로만 던져놓아
손바닥으로 태양을 가리면서 책을 읽었다
책 속에서 들려오는 새의 울음
우리 집 문은 누가 와서 쪼아줄까

4부

아울렛, 위험한 책방

아울렛, 그녀가 사는 곳

해묵은 날력에서 나타났다가 사라지는
그녀는 축 처진 나에게 긍정의 힘이다
그녀는 소리도 없이 내 마음에 녹아들며
구름을 발기하도록 하는 든든한 배경이다
이슬비 내리는 고요한 창문을 보고
그녀는 긍성적인 자세로 서 있거나 누워 있다
다른 상상조차 하지 못하도록
뜨거운 피들이 몰리는 밤이다
그녀는 쉬지 않고 우아하게 움직이며
나의 숨겨진 본능을 소름끼치도록 보여주는
긍정으로 뭉친 덩어리다
그녀는 점점 더 푸르고 깊은 바다를
상상하는지 태양을 가린다
긍정도 부정도 없이 그녀는
더 보여줄 것도 말 것도 없이
딱 해묵은 달력의 7월이다

아울렛, 가시의 책

일요일 오전
곧 응답이 올 것이다 말하는
기다리면 가시가 박힌 책으로부터
최초의 말씀이 혀 빼물고
부디 예언의 장을 펼쳐보지 마시길
가시가 박힌 책이 어디에 꽂혀 있는지
어떤 새들이 죽어갔는지
일주일은 혼돈의 시간
책은 새롭게 움직이고 끝이 보이지 않은 화단
봉숭아 씨앗이 깊이 떨어집니다
툭 터진
말씀은 목구멍 깊숙이 말려들어 가고
예언은 충분해
마스크를 쓰고 나타난
말려 있는 입속의 혀는
소리 없는 책의 샘플
거의 알아볼 수 없는
가시가 박힌 책 아픕니다

지퍼가 날린 책
펼쳐달라고 애원합니다
입술에 물집이 잡힌 채

아울렛, 홀맨

당신은 몇 살입니까 행복한 틀에 박아낸
배가 불룩한 홀맨의 아버지 꽃 속에 있다
뒤뚱거리며 걷다 어느 순간 빛처럼 움직인다
나이를 먹지 않은 채 메시지를 날리는 홀맨
거봐, 뻥 뚫린 홀맨을 꼭 챙겨오라 그랬지
홀맨의 아버지가 달나라에서 금방 돌아오셨다
먼지구름을 날리며 아버지 우주의 구름 눈을 뜨고
성스러운 문을 들어오다 끼인다
움직이는 계단을 올라서다 넘어진다
병풍 앞에 앉아 죽음도 아닌 것을 슬퍼하신다
오래 산 십장생도 속에서 황금 알을 낳고 계시다
언젠가 부활할 거라고 믿고 계시는 홀맨의 아버지
사악한 생각을 전파하신다
따라 가다 보면 길이 아닌 곳을 가고 있다
홀맨의 아버지 은근히 중독성이 있다
손바닥 위에 계신 홀맨의 아버지
부르는 이름을 거룩히 여기시고
하시는 모든 일에 양다리를 걸치시고

이상한 하루를 빛과 꽃 속에 머무시며
나의 죄를 조작해내고 있으시다
예민한 홀맨의 아버지 오신 날이 끝 날이었다
홀맨의 아버지 행복할수록 똥배가 자꾸 나오고 계시다
성스러움도 동정남도 아닌 홀맨의 아버지
애가 닳도록 부르는 아들이 없나
정체되어 있는 홀맨의 아버지
위로할 길이 없다

아울렛, 위험한 책방

그녀를 기다리는 위험한 책을 보러 왔다고 말한다
정확하게 그녀는 움직이는 계단 아래서
숨겨진 모래의 칼을 찾아낸다
늙은 보르헤스의 눈에 들어간 모래의 책도
눈물을 뚝뚝 흘린다
밝히지 않은 행간마다 꼬리 아홉 개를 숨긴
붉은 구미호의 눈
꼬리는 길고 길어 뒤를 밟히고
책은 곧 잊히리라
모두 다 위험해지는 밤보다
더 어둡게 닫힌 그 책방엔
거대한 작업의 달인이 있어
죽음도 공공연히 설계한다
다시 찌를 것, 교묘하게 5번과 6번의 늑골 사이
적당한 깊이로 배신을 쑤셔 넣을 것
커다랗게 열리는 동공 속에 숨은 증거물인
그녀의 눈물도 잘 읽힌다
아주 사소한 말라버린 파리 목숨 같은

암살의 순간 그대로
바싹바싹한 페이지가 심하게 읽히는 어둑한 날
관계자 외 출입금지란 경고에서
안개는 점점 모호하게 피어올라
그러든지 말든지 그녀가 지금
위험한 책방으로 들어가고 있다

아울렛, 봄

꽃샘추위 따라 봄은
미루고 미루다가 왔다
매화꽃은 숨겨둔 비동을 열고
민감한 꽃잎을 본 내 눈이 아프다
꽃가루 알레르기 때문에 매화 한 가지 꺾어보지 못한
내가 매화 만발한 옷을 입고
꺾을 가지를 찾아 맴도는 폼이
꼭 화사한 뱀 같다
꽃으로 몸을 덮었건만
향기가 나지 않아
온몸으로 굴신하며
혀를 날름거리자
가려운 곳마다 터지는
붉은 꽃눈들의 봄날이란
참 흉하기도 해

아울렛, 구름상자

내가 구름상자를 받았을 때
구름상자 점점 붉어지고 있었다
구름상자는 밀양의 낯선 과수원에서 왔다

구름사과는 아삭하고 달콤하다 못해
밀양의 어디 과수원 붉은 하늘이
굴러다녀

가 을 이 깊 었 다

나는 구름상자의 구름을 베어 물다 이가 시리고
미르치과의 움직이는 엘리베이터 속에 서서
노란 은행나무를 본다

오늘따라 균형이 잘 잡히지 않는 하루다

그렇지만
구름상자 인상 깊게 열었어요
저녁내내 눈이 즐거웠어요

아울렛, 에스컬레이터

피 흘리는 사냥은 이제 없어
빛의 들판을 떠돌다
내가 쉴 자리는 어디인가
황홀한 폐허를
뛰어가는 비상구의 흰 사내
깜박이다 벽 속으로 사라진다
뒤따라가고 싶지만
곧 스스로 다가와
나를 싣고 오르는 계단
뱀처럼 꿈틀거린다
나는 계단 위에서 소화되기를 기다리는
먹이 같다
먹이끼리 눈이 마주쳤다
이런! 아직도 내가 살아 있다니

아울렛, 압구정동

요즘도
바람 부는 날에는 압구정동에 가야 한다는
시인이 있는가
압구정동에 대한 그리움이란
없는 것
욕망을 머금은 바람도 불지 않지
택배 기사의 손에서 건네진
상자 속에는 또 다른 상자가 들어 있고
가죽은 더 이상 주검의 표시가 되지 못해
새로운 욕망은 발광하는 화면 속
늘 손닿는 곳에서 따끈한 빵을 만들며
끝없이 열리는 저장된 창을 띄우기만 해

저 가공할 생산의 항문을
제발 닫게 해줘

아울렛, 허물

나도 언젠가는 저렇게 모여 있겠지
끼리끼리 모여 있기 때문에
이 세상은 층층의 슬픔이 다져지고
기쁨의 아울렛 가면서 나는 왜 혼자지
왜 이토록 잃어버린 것들을 찾아 헤매는
사람들의 행렬이 길지
이것도 아니고 저것도 아니지
오래전 잃어버린 것을 찾아
숭숭 구멍 뚫린 마음으로 꾸역꾸역 모여드는
잃어버린 것들 사이에서 왜 애를 쓰는지 몰라
언제부터 눈에 불을 켜고
입어보고 머리에 써 보고
나에게서 떠나간 것을 찾기 위해
몸부림을 쳐도 다시
이동해야 하는 운명 같은
이 전자유목의 아울렛 매장에서
나를 떠나간 허물이여 돌아오라

아울렛, 바비인형

이제 나의 숨겨진 미미는 없다
병원놀이도 싫은 미미는 아울렛을 산책 중이다
언제 돌아올지 모르는 미미는
병원 밖으로 사라졌다
부르면 그녀를 모아 놓은 야동파일이
실시간으로 도착했다
귀찮은 소유의 시대는 가고
편리한 리스의 시대가 왔다
지랄 같은 꼽슬꼽슬한 황금털이
우리를 이끌었다
언젠가 내 뒤통수를 칠 것을 알면서도
그녀는 질리지 않은 찐빵의 앙꼬였다
한때는 책 속에 숨겨서 보고 또 보고
그녀는 살아가는 내 삶의 이유였다
책 속 그녀는 위험한 풍경을 숲처럼 위장하고
속 페이지를 얼룩으로 붙어먹게 한
오래된 그녀 오직 한 곳이 털투성이인
붉은 불을 켜고 이 도시 어디에서든
성전이 되고 있다

아울렛, 없어지는 나

이 길은 나의 길이 아니다
나에게 맞는 길이란 처음부터 없는 것
아울렛, 이미 죽는 날짜를 이마나 궁둥이에 새긴 채
모여 있는 것들 다 유령 같아
갓 공장에서 올라와 진열대에 놓이고
걸리면서 누군가를 만난다는 꿈에 부풀고
나를 찾으려 가는 길에도
내가 걸려 있어야 할 유리 창문 속에도
나는 없었던 거지
나를 떠나간 바지가
나를 떠나간 신발이
아 아, 나를 떠나간 오래된 살덩이가
나 아닌 것들로 들어가 몸 맞추면서
적당히 몸 불리면서 즐겁고
저 걸신들린 아울렛 냉동코너 앞에서
나를 떠난 것들이 자꾸만
유령처럼 출몰하고 있다
없는 것이 없는 아울렛

화단가 귀퉁이에
한때는
새가 지나가는 길목이었던 날의
허공이 너덜너덜 걸려 있다

아울렛, 어항

만약 어항에 들어가고 싶다면
떠나기 전
창문을 닫고 거울을 내려주세요
거울을 오래오래 보다 보면
붉은 우물이 곳곳에 보여
어지러워요
우물의 뚜껑을 닫아주세요
우물에 던져 넣을 것이 너무 많아
이 물고기 비늘의 옷은 어떤가요
금방이라도 살아 파닥일 것 같아
아무도 몰래
붉은 우물을 쏟아내며
몸속으로 달을 던져 넣는 그녀
거울에 비친 깊숙한
그녀의 늙은 우물이
바람에 긁힌다

아울렛, 미궁

지금 네가 있는 곳을 설명해 줄래
집이야, 방이야
문은 없어
무슨 관 속 같은데 내가 없어
천장은 돔형으로 낮아지고 있어
누군가의 구멍 속 같은데
옆으로만 깊고 깊어
저 벽은 어디로 통할까
무슨 소리가 들리지 않니
왜 저렇게 길들은 사방으로 꺾여 있지
사각에서 툭툭 튀어나오는 낯선 새들은
또 어떻고 저 가운데 분수는
찢어지는 음악에 절망적으로 솟구치다 떨어지고
저 계단은 어떻게 움직이는 걸까
계단 속에서 자꾸 올라오며
올라타는 것들을
다 집어삼키는 식욕이란
참

아울렛, 구름날개

봄날
슬픔을 자아내는 뻐꾹새의 울음도 없어
이 공간은 침묵이야
벽이야 늘 그랬잖아 아무것도 없는
옆으로만 깊어지는 건물을
앞장서 나가다 멈춰서면
다 가능성의 날개를 줍도록
예정된 미래지
떨어진 날개를 주워들고 있는
실성한 허공이
다가오는 수직의 절벽에 놀라
창문에 머리를 한번 넣어 본 것이
밖은 아니었지 창문의 구름도 가짜야
말했잖아 비를 머금은 저 구름이
너무 가벼워 보이지
허공에 탈피한 구름날개를 걸어둔 채
사시사철 말리고 있어
축축한 시간을 입어는 봤니

불이 꺼지면 우리를 밖으로 보내줄지도 몰라
나가 봐봐
내일 다시 저 문으로 되돌아오도록 하는
저렇게 돌고 있는 문은 지독한 윤회야

아울렛, 막다른 골목

밖은 촛불의 물결이 흘러가고 있는데
저 촛불이 흘러가는 길을 따라가면
막다른 골목을 벗어나는 방법이
딱히 있을까
마천루의 이 벽은 왜 이리 견고한가
나는 소시민적 근성으로 무장한 채
왜 사소한 것에만 분노하지
종이컵과 초를 팔지 않는 이곳 마천루는
다행스럽게도 성스럽고
자본들이 우아하게 눈을 홀기며
소시민적 근성으로 무장한 나에게
빨리 나가라 등 떠미는데
아주 거대한 것을 피해
나는 사소한 것에 목숨을 걸며
오늘 하루
또 비루하다

아울렛, 몸 보정기

이 매뉴얼 그대로 따라하세요
그래요 몸은 그대로 똑바로
마사이족이 아프리카 정글을 걷는 자세로
우아하고 사뿐하게
사자처럼 바람처럼
그래요 당신은 이미
성공한 귀족이에요
허리에 붙은 군살 제거를 위해
흥미로운 몇 가지의 몸 보정을 더 거쳐
헬스 기계 위에서 죽도록 뛰어
당신의 몸을
얼마든지 가꾸고 조작하듯
가끔 괜찮은 날개를 건네받으면
벌써 가을인가요
날개 속에서 귀뚜라미가 우는
당신은 분명
달 밝은 밤
우화등선한 명품이에요

아울렛, 주방용품

6층 들어서면 입 벌린 구멍들의 천지지
그렇게 큰 용기 안에 살며시 들어앉아 있는
무아지경의 작은 용기
제 속을 광이 나도록 다 비우고 있지
비밀스럽게
허공을 향해 열려 있는 것이
무엇인가 채워지길 위해
입을 벌리고 있는 것이
뭘 기다리듯 초점 없이 몽롱한 것이
실성한 것이 저렇게 많이 입에 입을 물고
천장의 견고한 벽을 한없이 빨아먹고 있는 것이
무엇일까 영락없이 입만 큰
구멍 같은 것이
섬뜩하게 속으로 달구어져
지글거리길 기다리고 있는 것이
쌓이면 쌓일수록 자꾸만
허전해지고 있는 것이

아울렛, 계단

쉿, 가만히 서 있어 움직이지 마
엄마의 손을 놓치면
너의 발이 잘려 나갈 수 있는 계단이지
계단이 무섭지 저렇게 빨리 사라지는 계단
긴장을 풀고 계단에 온몸을 맡겨
계단이 미끄러지고 있지
아니 계단이 무섭게 자라나고 있지
계단 위에서 뛰어가는 사람
저들은 발가락이 없는 사람이지
이 계단은 원래 이래
지그재그로 미끄러지지 온몸을 맡겨
겁먹지 마, 계단 밑은 점점 깊어지지
찰나를 놓친 어둠만의 공간이지
온몸으로 미끄러지는 뱀의 본능을 믿어
방심한 어린아이의 발가락을 잘라 먹는다지
아이들은 이제 계단을 무서워할 거야
지그재그로 움직이며 층과 층 사이에만 사는
저 불멸이란 식인의 뱀
흉측하지

| 해설 |

현대의 물신 지배 비판과 착란의 형식

이성혁 (문학평론가)

이영수 시인의 세 번째 시집 『깊어지는 건물』을 읽으면서, 루이스 브뉘엘의 초현실주의 영화 『안달루시아의 개』와 『황금시대』를 생각했다. 이 영화들에서는 마치 꿈처럼 시공간이 파괴되면서 서술 논리가 전복되고 있었다. 그 파괴와 전복의 형식은 초현실주의의 전형이다. 초현실주의는 억압기제의 층을 뚫고나올 수 있을 정도로 욕망을 가동시킴으로써 인간 내면에 억압되어 감추어져 있는 실재를 열어 보이려고 했다. 이때 착란은 인간의 야생적이고 창조적인 면을 거세하는 현대 문화에 대한 반항을 표현한다. 이영수 시인의 새 시집을 읽으면서 그 영화들을 떠올리게 된 것은, 그의 시도 이러한 초현실주의의 예술사상과 접맥되어 있는 것이 아닐까 여겨졌기 때문이다. 그가 이전에 상재한 두 권의 시집, 『나는 안경을 벗었다 썼다 한나』(천년의시작, 2002)와 『고양이 속의 아이를 부탁해』(문학의전당, 2004)에서도 현란한 착란이 전개되고 있는데, 이 역시 초현실주의적인 반항과 접맥되는 부분이 있었다. 그 시집이 보여준 착란적인 장면들은 단순히 시인의 주관적인 몽환을 옮겨 놓았다는 의미만 있는 것이 아니라, 억압을 반영하고 있는 현대 세계의 정신생활을 폭파하려는 전위적인 의도가 깔려 있었다. 이번에 출간되는 『깊어지는 건물』의 시들 역시 시공간의 전복과 서술 논리의 파괴를 바탕으로 착란적인 진술을 하고 있는 시가 많다.

초현실주의적 환몽으로 구성된 시에 대해서 시인이 현실을 외면하고 주관적인 망상을 기록하고 있을 뿐이라고 비판하는 사람도 있을 테다. 하지만 초현실주의자들은 현실 도피를 하려고 한 사람들이 아니고, 도리어 자신들을 혁명가로 생각했다. 초현실주의의 수장 앙드레 브르통은 그 자동기술을 통해 드러난 착란의 세계가 우리가 일상적으로 경험하는 실재성보다 더 실재적이라고 생각했다. 왜냐하면 일상 경험의 실재성이란 이미 자본주의적 합리성과 도덕에 의해 조작된 틀을 통해 만들어지는 것인데다가, 그 합리성과 도덕은 진정한 실재를 경험할 수 있게 하는 욕망을 억압하기 때문이다. 그래서 그들은 부르주아의 위선과 합리성을 증오하고 인간을 왜소화시키는 억압을 타파하려고 했기 때문에 자본주의 문명에 대해 비판적인 입장을 가졌던 것이다. 그렇기에 욕망이 이끄는 환몽과 착란으로 이루어진 『안달루시아의 개』는 성을 억압하는 위선적인 도덕에 찌들어 있는 부르주아 사회를 비판한 『황금시대』의 세계와 모순되지 않는다. 이와 마찬가지로 이 시집에 나타나는 착란적인 세계는 현대 문명에 대한 비판으로 이어진다. 시인은 이 시집에서 지금 현실 상황에 대해 구체적으로 사유하면서 착란적인 방식으로 그 상황을 비판한다. 이 시집의 시 세계를 대표한다고 할 수 있는 표제작부터가 모더니티에 대한 비판적 인식을 선명하게 드러내고 있다.

요즈음 건물은 높아지는 것이 아니라
거룩하게 깊어지는 것을 숭배하도록 건설된다
깊어진 건물의 벽면에
고흐의 불타는 측백나무를 심거나
전자유목의 시대가 도래한 이상 뛰어 본들
우리의 길들은 단추 하나로 미끄러지거나 멈춘다
들판의 소들은 이미 포장되어 냉동 보관될 뿐
질리도록 많음이 공포를 수반하지 않는다는 것을 알기에
건물을 떠나지 못한다

오늘도 우후죽순처럼 솟는 대형유리의 방주를 보며
사각지대란 존재하지 않는 것
내부에 다시 볼록거울을 내장하거나
비상구를 통해 지하의 사각 무덤 자리에 누워도
꿈자리는 편해지지 않는다
소라껍질 같은 무덤의 입구를 지나 나와도
달은 보이지 않는 것 우리들은 달을 잊었거나
사방에서 보아도 달이 보이지 않게 설계된
거룩하게 깊어지는 건물을 숭배하게 된 까닭이다

—「깊어지는 건물」 전문

시인에 따르면, "요즈음 건물은" "거룩하게 깊어지는 것을 숭배하도록 건설된다"고 한다. 예전의 건물은 "높아지는 것"을 숭배하도록 건설되었을 것이다. 하지만 지금 건물은 깊어지고 있다는 것이다. 이러한 인식은 이상이 예전에 선취한 바 있었다. 이상은 시 「AU MAGASIN DE NOUVEAUTE」에서 "사각형의내부의사각형의내부의사각형의내부의사각형의내부의사각형"이라고 백화점 건물의 내부를 표현하여 비밀스럽고 깊은 공간 이미지를 보여준 바 있다. 그런데 이러한 이상의 인식은 "전자유목의 시대가 도래한" 이 시대에 더욱 들어맞는 것이라고 할 수 있다. "단추 하나로 미끄러지거나 멈"추는 인터넷의 하이퍼텍스트 공간이 바로 사각형 내부 속으로 반복하여 건너 뛰어들어가는 방식으로 열리는 것이기 때문이다. 이상이 살았던 시대에서는 진열된 상품으로 둘러싸인 백화점 내부가 물신적인 환영 공간을 만들었다면, 이제 그 공간은 네모난 화면 안에 옮겨와 존재한다. 완벽한 시뮬레이션이 자신의 환영적인 성격을 숨기지도 않은 채 뻔뻔하게 현실을 점령하게 된 것이다.

이제 "들판의 소들은 이미 포장되어 냉동 보관될 뿐"이다. 들판에서 살고 있는 소는 이제 시야에 들어오지 않게 된다. 소는 포장되어 냉동 보관되는 고깃덩이로밖에 이미지화되지 않는다. '전자유목의 시대'에는 우리를 포함한 모든 것들이 물신화되고 시뮬레이션이 되어 인터넷이라는 건물 안에 전시된다. 그리고 "질리도록 많음이 공포를 수반하지 않는다는 것을 알기에" 우리는 저 질리도록 많이 널려 있는 포장된 존재자들에 섞여 있어야 공포에 떨지 않을 수 있다. 그래서 우리는 이 시뮬레이션 공간인 저 "건물을 떠나지 못"하는 것이다. 그 공간은 '전자유목' 공간만을 가리키지 않는다. 시뮬레이션 공간은 도시 공간으로도 확장된다. 도시 자체가, 이상이 생각했던 물신으로 가득 찬 백화점처럼 되어버렸다. "오늘도 우후죽순처럼 솟는 대형유리의 방주"라는 표현은 그러한 시인의 인식을 보여준다. 대형 유리를 통해 환영을 생산하는 저 도시의 물신들은 사람들의 시선을 흡수한다. 아니, 그 물신들이 사람들에게 시선을 던져 그들의 삶을 포획한다고도 할 수 있겠다.

그래서 시적 화자는 "내부에 다시 블록 거울을 내장하"여 그 대형유리가 뿜어내는 악마적 시선을 방어하거나 "비상구를 통해 지하의 사각 무덤 자리에 누"움으로써 그 시선으로부터 도피하려고 한다. 하지만 "사각 지대는 존재하지 않는 것"이어서 "꿈자리는 편해"질 수 없다. 왜냐하면 "우리들은 달을 잊었거나" "사방에서 보아도 달이 보이지 않게 설계된/거룩하게 깊어지는 건물을 숭배하게 된 까닭"이다. '달' 이 여기서 무엇을 의미하는지는 확실하지 않으나, 그것은 예로부터 고즈넉한 상상을 불러일으키는 정답고 따스한 자연 대상이었다. 모든 것이 인공적이고 시뮬레이션이 된 세계에서, 그러한 자연물은 우리의 의식을 더 이상 자극하지 않는다. 우리가 그 "달이 보이지 않게 설계된" "건물을 떠나지 못"하는 한, 그야말로 "우리들은 달을 잊"게 되어버린 것이다. 그리하여 우리들을 비추는 동시에 물신들을 드러내고 있는 대형유리들의 공격 속에서 꿈자리조차 편할 수 없게 된다. 아래의 빌딩 역시 이러한 물신의 공간을 만들어내는 '깊어지는 건물' 이라고 할 수 있다.

> 리히텐슈타인의
> 행복한 눈물이 걸린
> 내가 만난 분홍으로 칠해진 빌딩
> 옆으로 깊어지면서

허리가 아프다
나는 분홍 빌딩을 한꺼번에 올라간다
머리가 아픈 분홍 빌딩이 창문을 연다
흰 비둘기가 날아든다
분홍 빌딩이 나를 먹는다
내가 아는 분홍 빌딩은 거짓으로 열린다
열린 적이 단 한 번도 없는 분홍 빌딩의
벽을 타고 창문을 엿보는
6살의 어머니와 나를
기다리는 60살의 딸아이
내가 빠진 분홍 빌딩의 내부다
하늘이 분홍으로 보인다
실내가 분홍으로 바뀌고 있다
구름과 같이 떠가는 분홍 빌딩은 자극적이다
나는 분홍 빌딩의 내부를 올라간다
내가 읽은 분홍 빌딩의 6층에서 만난
딸아이는 60살 나는 30살
분홍 빌딩 행복해서 어쩔 줄을 모른다

—「분홍빌딩」 전문

『깊어지는 건물』의 여러 시편들과 마찬가지로 이 시 역시 독자를 당혹감에 빠뜨리는 텍스트다. 우선 분홍 빌딩이 어떠한 곳인지 모호하다. 정보가 있다면 그곳에는 "리히텐슈타인의 행복한 눈물이" 걸려 있다는 것이다. 「행복한 눈물」은 알다시피 미국의 대표적인 팝 아티스트인 로이 리히텐슈타인의 대표작이다. 하지만 한국인에게는 삼성 비자금 사건과 얽힌 그림으로 잘 알려져 있다. 현재 그 그림은 '서미 갤러리'가 소장하고 있다고 한다. 그렇다면 "내가 만난 분홍으로 칠해진 빌딩"은 서미 갤러리를 지칭하는 것일까? 아닐 것이다. 검색해보면, 서미 갤러리는 삼 층 건물인데 시인은 딸아이를 분홍 빌딩의 육층에서 만났다고 하고 있으니까 말이다. 그렇다면 저 '분홍 빌딩'은 특정 빌딩을 가리키는 것이 아니라 하나의 상징, 자본주의 아래에서의 예술의 위치와 관련된 상징으로 봐야 할 것이다. 한편으로는, 만화처럼 그려진 「행복한 눈물」은 손으로 뺨을 감싸면서 눈물을 흘리는 어떤 여인의 모습이 얼굴을 중심으로 클로즈업된 그림으로, 그 여인의 얼굴과 손의 피부색으로 채색된 분홍색이 그림을 가득 채우고 있다. 이를 보면, '분홍 건물'은 「행복한 눈물」 자체를 가리킨다고도 볼 수 있겠다.

그런데 팝 아트는 말 그대로 상품으로서의 대중문화를 예술에 유입한 조류다. 예술을 돈벌이에 이용하는 것에 어떤 부끄러움도 가지지 않았던 사람이 팝 아트의 또 다른 대표자 앤디 워홀이었다. 그렇다고 팝 아트를 대중문화 상품으로 환원할 수는 없다. 팝 아트는 자본주의 대중문화를 승인한 예술의 운명을 보여준다는 측면에서 문제적이기 때문이다. 팝 아트 작품인 「행복한 눈물」이 거액의 비자금으로서 이용되었다는 사실은 그 예술의 아이러니컬한 운명을 더욱 잘 드러낸다. 팝 아트는 싸구려 대중문화를 수용하면서 고급 예술의 신성함을 파괴하는 효과를 만들어낸 측면이 있었다. 그런데 그러한 팝 아트가 거액으로 거래되면서, 예술로서의 가치가 사라진 하나의 재산 증식용 상품이 되어버린 것이다. 거액으로 거래된다는 면에서 예술의 가치가 높아진 것처럼 보이지만, 사실상 교환가치만 있을 뿐인 '예술'은 이제 독자적인 가치를 잃어버리게 된다. 그렇다면 「행복한 눈물」이 걸린 '분홍 빌딩'은 이러한 현대 예술의 역설을 증언하는 장소라고 할 수 있다. 사회로부터 경제적으로 높은 가치를 갖게 되면 될수록 예술의 독자적인 가치는 사라진다는 역설 말이다. 또한 '분홍 빌딩'이 「행복한 눈물」 그 자체라고 한다면, 그 그림 자체, 빌딩 자체가 예술의 역설 자체라고 말할 수 있을 것이다.

여하튼 그 역설의 공간인 '분홍 빌딩'은 '거짓으로' 열리며 "나를 먹는다". 그 공간에서는 시공간적 질서가 전복되어 있다. 어머니는 6살이고 딸아이는 60살이다. '나'는 그 중간인 30살이다. 분홍 빌딩은 저기 세워진 객체가 아니라 주체다. 그 빌딩은 "구름과 같이 떠"가고 "옆으로 깊어지"는가 하면 "허리가 아프"고 "머리가 아"프다. 그러한 분홍 빌딩이 "나를 먹"으면, 자극적으로 "하늘이 분홍으로 보"이게 될 터이다. 실내도 "분홍으로 바뀌"어 간다. 마치 「행복한 눈물」을 가득 채우고 있는 분홍색에 온몸이 젖어드는 것과 같이 말이다. 빌딩의 육층에서 '나'와 딸아이가 만나자 '분홍 빌딩'은 마치 「행복한 눈물」에 그려진 행복에 겨워 눈물을 흘리는 여인처럼 "행복해서 어쩔 줄을" 몰라 한다. '분홍 빌딩'은 시공간적 합리성이 전복되는 역설을 생산한다. 제목 자체가 역설인 「행복한 눈물」이 예술 자체의 역설을 생산하는 것처럼. 시공간적 질서가 뒤죽박죽으로 헝클어지는 '분홍 빌딩'에서의 그러한 사태가 무엇을 의미하는지 확실하게 말할 수는 없지만, 역설적인 현대 예술의 전도된 상황을 대하는 사람들 역시 빠져들게 될 역설을 시공간적 전복의 형식으로 드러낸 것이 아닐까? 이렇게 읽어보면 「분홍 빌딩」은 예술이 모더니티에 포획되어 있는 상황에 대한 비판적 인식을 보여준다고 하겠다.

대형할인마트인 아울렛 역시 거룩하게 깊어지는 내부 공간을 잘 보여주는 장소일 것이다. 아울렛의 내부 공간도 온갖 물신으로 가득히 차 있을 텐데, 시인은 그 물신들 위에 아버지 신-하느님-이 거주하고자 하고 있을 것이라고 말한다. 깊어지는 건물의 내부가 '거룩한 것'은 바로 그것이 물신들의 아버지인 현대의 신을 드러내기 때문일 테다. 「아울렛, 홀맨」에 그 아버지 신이 등장하고 있다. "홀맨의 아버지"가 바로 그로서, 그는 소비문화 시대에 존재하는 하느님이다. 현대의 신은 예수가 아니라 홀맨을 아들로 삼고 있는 것이다. 알다시피 전

체적으로 하얀 피부를 가진 홀맨은 배가 불룩하고 동그란 얼굴에 그 얼굴 중앙은 검은 원으로 되어 있는, 광고에도 나온 바 있는 소비 아이콘이다. 홀맨은 사람들로부터 사랑받는 물신들의 상징이자 대표자라고 할 수 있다. 이제 현대의 신은 홀맨을 아들로 삼아 이 세상에 임하고자 한다. 그런데 어떻게 된 일인지 그 아버지는 아들인 홀맨을 잃어버렸다. 기독교에서 하느님이 자신의 역사를 펼치기 위해 예수의 부활이 필요하듯이 홀맨의 아버지도 홀맨이 필요한데 말이다. "애가 닳도록 부르는 아들이 없"어서 홀맨의 아버지는 결국 "정체되어" 버린다.

물신주의 소비 사회에 임하시고자 하는 홀맨의 아버지는 이 시대에 잘 적응하지 못해서 그의 모습은 다소 우스꽝스럽게 보인다. 그는 "성스러운 문을 들어오다 끼"이거나 "움직이는 계단을 올라서다 넘어"지기도 하고 "병풍 앞에 앉아 죽음도 아닌 것을 슬퍼하"시기도 하는 것이다. "달나라에서 금방 돌아" 온 그로서는 에스컬레이터나 자동문에 적응하기 힘들다. 하지만, "따라 가다보면 길이 아닌 곳을 가고 있"는, "하시는 모든 일에 양다리를 걸치"신 이 우스꽝스러운 신은 "은근히 중독성이 있다"는 점이 중요하다. 그 중독성은 무엇 때문일까? 신이 우리들의 자화상을 승화시킨 것이라면, 저 홀맨의 아버지는 현대인의 자화상을 드러낸다. 현대인들의 신은 전지전능하지도, "성스러움도 동정남도 아닌" 존재다. 그는 우리처럼 현대의 변화 속도에 잘 적응하지 못하는 존재일 뿐이고, "행복할수록 똥배가 자꾸 나오고 계"신, 그야말로 시정인들의 평범하고 속된 모습을 하고 있을 뿐이다. 그런데 철저히 세속적이 되어 이곳에 임하고자 하는 현대의 신-현대의 종교-은, 새 아들인 홀맨을 잃어버렸기 때문에 자신의 능력을 펼치지 못하고 비굴하고 우스꽝스러운 모습만 보여준다. 하지만 이 우스꽝스러운 현대의 신이 아울렛에 임할 수 있었던 것은, 그가 너무나 평범해서 우리의 "손바닥 위에 계"실 수 있으며, 그 장소에서 "은근히 중독성이 있"게 "사악한 생각을 전파하"시기 때문이다. 그리하여 그 신은 "나의 죄를 조작해"낼 수 있다.

과거의 신이 우리의 죄를 벌하심으로써 신도들이 자신을 따르게 하셨다면, 현대의 신은 우리의 죄를 조작하여 신도들을 만든다. 그리고 그러한 조작을 통해 현대의 신은 아울렛의 소비자들 마음속에 거주하게 된다. 그 거주는 어떠한 양태로 이루어지는지, 이 시에 대한 독해와 관련지어 「아울렛, 가시의 책」을 읽어보자.

> 일요일 오전
> 곧 응답이 올 것이다 말하는
> 기다리면 가시가 박힌 책으로부터
> 최초의 말씀이 혀 빼물고
> 부디 예언의 장을 펼쳐보지 마시길

가시가 박힌 책이 어디에 꽂혀 있는지
어떤 새들이 죽어갔는지
일주일은 혼돈의 시간
책은 새롭게 움직이고 끝이 보이지 않은 화단
봉숭아 씨앗이 깊이 떨어집니다
툭 터진
말씀은 목구멍 깊숙이 말려들어 가고
예언은 충분해
마스크를 쓰고 나타난
말려 있는 입속의 혀는
소리 없는 책의 샘플
거의 알아볼 수 없는
가시가 박힌 책 아픕니다
지퍼가 달린 책
펼쳐달라고 애원합니다
입술에 물집이 잡힌 채

아울렛은 현대의 예배당일까? 일요일 오전, 사람들은 아울렛에 임한 현대의 신으로부터 무엇인가 구원의 말씀을 얻기 위해, 현대의 성경을 읽기 위해 아울렛에 몰려든다. 아울렛이라는 책은 "기다리면" "곧 응답이 올 것이다 말하"고 있지만, 그 책은 "새롭게 움직이고 끝이 보이지 않은 화단"일 뿐이다.

끝이 보이지 않을 정도로 깊어질 뿐인 그 책은 어떠한 응답도 하지 않는다. 화단 깊이 떨어진 봉숭아 씨앗처럼, 그 책에서 "말씀은 목구멍 깊숙이 말려들어"갈 뿐이며 "말려 있는 입속의 혀는" "마스크를 쓰고 나타"날 뿐이다. 즉 복숭아 씨앗처럼 딱딱한 그 말씀은 가시처럼 책 속에 박혀 있을 뿐인 것이다. 「아울렛, 홀맨」에서 현대의 신은 현대의 변화하는 문명에 적응하기도 힘들어하는, 우스꽝스러운 무엇으로 나타난 바 있었다. 여기에서도 신은 무능력한 무엇으로 나타나고 있다. 최초의 말씀은 "곧 응답이 올 것이다"였지만, 이후 신은 "예언은 충분해"라고 말해버린다. 그래서 최초의 말씀은 가시처럼 성경 속에 박히고 그 책은 지퍼로 봉해져 펼칠 수 없는 것이 되어버린다. 기다리면 응답이 있을 것이란 말만 하고는, 신은 침묵해버리는 것이다. 하지만 예전의 성경과 현대의 저 아울렛-성경이 다른 것은, 현대의 성경은 "입술에 물집이 잡힌 채" "펼쳐달라고 애원"하고 있다는 것이다.

저 아울렛 상점의 물신들과 그 배후에 있는 현대의 신은 기다리면 응답이 있을 것이라면서 소비 사회의 행복을 약속하지만, 그 약속은 소비 사회 자체를 내파시킬 뿐이다. 왜냐하면 미래를 예언할 수 있는 능력이 이 신에게는 없기 때문이다. 현대 소비 사회의 모더니티는 끝없이 새롭게 움직일 뿐이어서, 역설적으로 미래는 없다고 할 수 있다. 그래서 현대의 신은 "곧 응답이 올 것"이라는 행복의 기대만 사람들로 하여금 갖게 할 뿐, 어떤 비전도 가지지 못한다. 그러나 현대의 신이 현대 소비자들에게 어필할 수 있는 것은, 예전의 신이 권위를 가지고 신도들을 이끌었건 것에 반해 현대의 신은 신도들에게 단단히 봉해진 책을 펼쳐달라고 애원하고 있기에 가능한 것이다. 행복에 대한 기대를 갖게 해주는 저 상품들은 마치 더 할 말이 있는 것처럼 지퍼를 열어달라고 소비자들에게 애원한다. 하지만 그 지퍼는 열 수가 없다. 지퍼 자체가 상품이기 때문이다. 열어달라고 유혹하는 저 지퍼는 그 애원 자체가 물신으로서의 신성을 발하는 것이며, 저 지퍼를 여는 순간 그 지퍼의 매력은 사라질 것이다.

「아울렛, 주방용품」은, 우리가 빠져들게 되는 저 물신 세계의 신성이 어디에서 오는 것인지 보여준다. "허공을 향해" 진열되어 있는 주방용품들은 "무엇인가 채워지길 위해/입을 벌리고 있"다. 그 주방용품들은 상품을 대표한다. 모든 상품들은 저렇게 "뭘 기다리듯 초점 없이 몽롱"하게, "실성한" 듯이 입을 벌리고 있는 것이다. 상품들은 무엇을 원하는가? 구매자들의 욕망 충족을 위한 대가로 지불되는 돈이다. 상품들은 돈으로 채워지길 원한다. 그렇기에 상품은 사람들의 욕망을 끌어들이기 위해 자신이 빈 구멍이라는 비밀을, 그 속살을 만천하에 드러낸다. 그러면서 돈으로 채워지길 원하는 자신의 욕망 역시 드러내고는, 사람들의 욕망을 자극하여 주방용품들이 "천장의 견고한 벽을 한없이 빨아먹"듯이 그들을 빨아들이는 것이다. 상품들의 "입 벌린 구멍들"은 돈으로 채워질 기대로 달구어진다. "섬뜩하게 속으로 달구어져/지글거리길 기다리고 있는 것"이다. 하지만 상품들의 욕망은 '밑 빠진 독에 물 붓기' 처럼 채워질 수 없는 것이다. 채워질수록 "자꾸만/허전해지"는 것이다. 그래서 상품들은 끝없이 돈을 욕망한다.

저 상품들의 욕망에 빨려버린 우리들 역시 동일한 상태에 놓인다. 즉 저 상품들의 허망한 욕망이 우리들의 욕망으로 전화된다. 신의 충만성과는 반대로 비루하게 빈 구멍이 뚫려 있는 상품들이 신성을 발휘하는 것은, 사람들이 그 상품들에 동화되기 때문이다. 상품들에 동화된 우리 역시 진열된 주방 용품처럼 무엇인가로 채워져 지글거리길 기다리는, 빈 구멍의 존재로 변모된다. 그래서 우리는 기대와 욕망에 이끌려 상품을 구입하지만, 역시 "자꾸만/허전해지"고 그래서 끊임없이 상품을 구입하게 될 것이다. 그리하여 우리는 상품들의 구멍 속에 존재한다. 상품들의 구멍은 우리를 삼켜버리고, 상품으로 동화된 우리의 삶은 사라진다. 그래서 이 상품들의 천국인 아울렛은 우리의 관이기도 하다. 「아울렛, 미궁」에 따르면, "누군가의 구멍 속 같은" 아울렛은 "내가 없"는 "무슨 관 속 같은데", "올라타는 것들을/다 집어삼키는 식욕"을 가지고 있다. 상품 물신의 세계는 욕정을 풀기 위해 상품에 올라타고 있는 우리를 집어삼키고, 그리하여 우리로 하여금 죽음의 삶을 살게 만드는 것이다. 그래서 "나는 계단 위에서 소화되기를 기다리는/먹이 같"(「아울렛, 에스컬레이터」)이 된다.

이 상품의 내장 속을 빠져나갈 길은 보이지 않는다. 아울렛은, "문은 없"고 "옆으로만 깊고 깊"은 '미궁'(「아울렛, 미궁」)이기 때문이다. 또한 이 상품 물신의 세계는 거꾸로 된 세계, 전도를 가져오는 세계다. 이 세계에서 우리는 주체가 되어 상품을 선택하는 것 같지만, 사실 우리의 주체성은 반대로 박탈당한다. 우리의 삶 속을 '기이한' 물신이 관통하고 지배하는 것이다. 이 시집의 4부의 '아울렛' 연작이 기이한 상품 세계의 물신성에 대한 객관적인 묘사를 보여주고 있다면, 1부와 2부의 시들은 우리의 삶에 침투한 물신들에 의해 전도된 주관성의 착종된 감각을 착란의 발설로 드러내고 있다. 1부의 앞쪽에 실린 「사물의 기이함」은 그 기이한 물신으로서의 사물에 대한 시인의 감각을 보여주고 있다. 이 시에 따르면 그 기이한 사물은 "누가 보냈는지/그것이", 우리의 삶 속에서 "비명을 지를 사이도 없이" "썩고 있"다. 언제 어떻게 그 사물이 우리의 삶 속에 들어왔는지 모르겠지만, 그래서 그것은 공포나 쇼크에 빠질 사이도 없이 우리의 삶을 차지해버린다. 그리하여 그것은 우리의 삶 자체도 부패시킬 것이다.

그 물신의 사물들에 의해 삶이 부패해가고 있다는 감각은 사물과 삶의 전도된 관계에 대한 착란을 낳는다. 가령 "내 밑에 깔려 나를 쥐어짜는 아주 굼뜨는 의자의 게으른 부동이 나를 끌고 간다 무슨 편안이 이토록 내 위에 올라타고 앉아 흔들거리는지”(「비대한 의자」)와 같은 문장이 그러한 착란을 보여준다. 나는 의자라는 사물에 앉지만 정작 나를 쥐어짜거나 끌고 가는 것은 사물이다. 시인은 의자의 “게으른 부동”, 편안이 내 위에 올라타고 앉아 흔들거린다는 착란에 빠진다. 그래서 의자와 나의 관계는 전도된다. 내가 의자를 소유하는 것이 아니다. 의자가 나를 소유한다. 그래서 가구로 둘러싸인 방 속에 있는 나는, 그 방의 '군살' 일 뿐으로 나타난다. “내 가구는 지극히 현실적인 군살을 갖고 있다”는데, 시인이 나는 “자진해서 허리에 착 달라붙는다/새로운 벽에 정착하기 위해/축 늘어진다”(「현기증 나는 가구」)고 말하는 것을 보면, 그 가구의 군살이란 바로 시인을 가리킨다. 시인은 이 기이한 사물들에 정착하기 위해서는 그 사물들의 허리에 달라붙어 '군살' 로서 존재해야 하는 것이다. 그래서 사물들에게 “나는 무엇으로 어떻게 취급되어야 할지 알 수 없”는, “무엇에 쓸지 알 수 없는 미지의 도구”(「심심한 책상」)로 전락한다. 사물의 군살로서 존재한다는 것, 사물보다 더 열등한 사물로서 존재한다는 것은 폐기된 삶, 즉 죽음을 살고 있다는 것과 마찬가지다. 아니 죽음이 삶을 산다. 이때에도 죽음이 주체인 것이다.

빠르게 당신의 목숨을
밟고 지나가는
부지런한 죽음이 일을 하고 있다

아주 사소한
늘
당신이 걸어왔던
닳고 닳아 꼭 닫히지 않은
문지방을 넘어 가는
부지런한 집개미를 밟으며
아주 가볍게
죽음이
그 흔한
일을 하고 있다

—「가볍게 죽음이」 전문

'당신' 은 죽음의 작업에 종속되어 삶을 산다. "당신의 목숨을/밟고 지나가는" 죽음의 작업은 죽음에겐 사소하고 흔한 일을 할 뿐이다. 마치 우리가 개미를 밟고 지나가듯이 죽음 역시 우리를 밟고 지나간다. 저 "부지런한 집개미"의 '하찮은' 삶은 바로 가정을 지탱하기 위해 부지런히 노동해야 하는 우리네 삶을 가리킨다. 정말로, 노동시간과 자살률이 OECD 국가에서 최고를 기록하고 있는 한국의 노동자들은 저렇게 죽음을 맞이하고 있는 것이다. 노동자들은 상품들을 구입하기 위해 죽음에게 짓밟히며 노동해야 한다. 즉 그들의 삶은 사물들에게 잡아먹히면서 사는 삶이다. 그리하여 죽음에 점령당한 삶은 죽음을 욕망하게 되기까지 한다. 시인 역시 이러한 욕망에서 자유롭지 않은 듯하다. 「白晝景, 벌 한 마리 때문에」에서, 시인이 죽은 벌 주위로 몰려드는 집개미를 보면서 "저렇게 바글대는 집개미를/불러들이는 설익은 죽음이/내 몸 어딘가에 있는" 것 아닐지 자문하고 있는 것은 이와 관련된다. 시인은 "편안하게 누워 제 몸을 내어주는" 벌의 사체에서 "완벽한 죽음은 저렇듯 편안하다"는 느낌을 가지게 되는 것이다. 저 편안한 사체를 보면서 시인은 '열반-죽음'에의 욕망을 가지게 될 것이다.

시인은 「죽음이 계속」에서 죽은 자신을 상상하기도 한다. 이 시에서 그는 "바삭거리는 내 얼굴"인 "나의 영정사진"을 스스로 들고 가는 장면을 상상한다. 그 사진은 "젊은 날의 내가/목 졸려서 계속 붉게 꽃" 피우고 있는 모습이다. 그 사진을 들고 가는 삶이란 "목 졸린 채 못에 걸려/보송보송 내가 마르고 있"는 삶이다. 그는 젊은 날에 이미 죽어버렸다. 젊은 날에 그의 삶은 죽음에 점령당하여 죽음을 욕망하며 사는 삶으로 변모되어버린 것이다. 시인은 외면과 내면 모두 죽음에 둘러싸이게 된다. 하지만 그 죽은 삶 속에서도 시인은 젊은 날의 사진을 영정사진으로서 들고 다니면서 현재를 견디고 있다. 이 상황에서 시인의 상상은 더욱 과격해지는데, 「잠」에서는 자신의 사지가 절단되어 먹이로 주어지거나 물품으로 사용되는 상상으로까지 나아간다. 가령 "다리는 45℃ 비스듬히 자르고/무너져 내리는 논두렁의 말뚝으로 붉게 박"히는 상상이 그것이다.

하지만 이 상상적인 신체 훼손을 통해 시인은 이 물신의 세계 속에서 다른 삶의 가능성을 찾는다. 그 다른 삶이란, 바로 시를 쓰면서 사는 삶이다. 물신의 세계 속에서는 삶 역시 사물처럼 죽은 것으로 변화된다면, 몸 역시 사물과 같이 무감각한 무엇이 될 것이다. 그런데 신체 훼손은 사물처럼 무감각해진 몸을 파괴하는 것으로, 역설적으로 사물화된 몸을 그 사물성으로부터 해방하는 일이 될 수도 있는 것이다. 사물화된 몸, 사물화 된 삶으로부터 그 사물적인 경직성을 파괴한다면 물신의 마력으로부터 벗어날 수 있는 길이 열릴 수 있다. 물신의 마력에서 벗어나게 되면 다른 인식과 다른 글쓰기-시-가 가능하게 될지 모른다. 시인이 몇 편의 시에서 보여주는 신체훼손 장면은 바로 시작詩作과 관련된 것 같다. 가령, 시인의 시작 과정을 보여주고 있다고 생각되는 아래의 시를 보자.

> 밤새워 철인국가에서 쓴다 모든 말(言)들이 삐걱거린다 가벼운 돌덩이가 내리고 나는 인식의 무거움에 고개를 떨군다 살아남을 묘책이 없다 내가 쓰는 시는 너무 느리다 오늘도 수배 전단에 내 이름이 오른다 검거 도장이 찍힌 시인의 은유를 이해 못해 또 살해, 나는 점점 살인의 재미에 빠져 증거물을 남긴다 비상 연락망에 걸린 저항은 밋밋하다 돼지들아 날 잡아 봐 내 칼 아래 무릎을 꿇고 온몸으로 시를 진술하는 사각형

의 기억, 난도질한 초승달, 꽃잎이 독한 향기에 절어 떨어진다
자해의 두 손을 묶는다 젖은 수건을 입에 처넣어준다 입이 축
처진다 비가 떨어진다 물이 차 오른다 털로 된 점심 식사, 털
로 덮인 컵, 털로 덮인 입, 당신이 먹고자 하는 부위를 뽑으시
오 비가 꽂혀, 살해된 구름의 눈물, 내가 빗방울의 올가미에
목매달려 혀를 빼문다. 메롱!

—「철인국가」 전문

이 시에서 시인은 살인자로 등장한다. 시인은 이 '철인국가'에서 살인자로 수배된다. 그런데 시인의 살인은 세계를 난도질하거나 자기 신체를 훼손하는 것, 즉 초승달을 난도질하거나 젖은 수건을 입에 처넣는 자해를 가리킨다. 그 행위는 물신성에 의해 죽음의 상태에 빠진 외면-내면세계를 파괴하는 것을 의미한다. 이러한 작업을 통해 "사각형의 기억"은 "내 칼 아래 무릎을 꿇고 온몸으로 시를 진술하"게 될 것이다. 사각형이란 바로 관을 넣기 위해 판 무덤 자리를 가리키는 것이라고 판단된다. 즉 자신이 자신을 칼로 살해하고 자신의 무덤을 파는 기억을 진술하는 일이 바로 시를 쓰는 일이다. 그의 죄명은, 이 "인식의 무거움에 고개를 떨"구어야 하는 국가에서, 세계의 표상을 파괴하면서 물신에 의해 죽어 있는 삶을 스스로 다시 죽이는 시 쓰기를 했다는 것이다. 이러한 시 쓰기는 국가의 중압과의 긴장 속에서 "모든 말들이 삐걱거"리게 할 것이

다. 이 국가에서 시인의 죽음은 결국 "빗방울의 올가미에 목매달려" 죽이는 교수형에 의한 것이다. 그러나 한편으로 그 사형되는 순간에 시는 '방전' 되어 써질 수도 있다. 「전기의자」를 보면 그러하다. 이 시에서 시인은 전기의자에 앉아 전기 구름을 머리에 쓴다. 시인이 전기의자에 앉자 "망각의 전기 충격이 가해"지고 "구름 속에서 튀어나온 번개칼"이 "내 머리를 찔러 기억의 창고를 부"수면서 "내 이승의 생이 방전"되는 것이다. 이 "전기의자 가득 위험한 인간의 무덤을 열고 내 전생의 새떼 날아"가는 방전이 바로 시의 탄생 아닐 것인가. 강렬한 방전은 삐걱거리는 말, 착란의 말을 낳을 테다. 아래의 시에서 그러한 착란의 말을 만날 수 있다.

오래전부터 내 해골을 잡고 웃고 있던
실성한 입이
자고 일어난 뒤 옆으로 돌아가고
썩은 구멍 후벼 파
무너지고 있는 눈구멍
털을 심고 있던 콧구멍
내가 씹어 먹고 있는 구멍에
끼인, 누구인지 모를 사체
내가 더듬어서 마신 썩은
해골바가지에 담긴 흔들림의 물

여름밤 복숭아는 내가 후벼 파서 문드러진 구멍에서
과즙을 흘리며 미끄러지고
제 속을 치명적으로 찌른 햇빛
헐대로 헌 바위 틈새 뱀 구멍에 걸린
철 지난 허물이
지랄 같은 내 구멍에도 걸려 있고
다시 구멍으로 들어가기 위해
화사한 긴 옷을 벗고 있는
뱀

—「구멍」 전문

지금 시적 화자는 흔들림의 물을 마시고 있다. 그 물은 썩은 해골바가지에 담겨 있는 것이다. 그 해골바가지는 누구의 것일까? "구멍에/끼인, 누구인지 모를 사체"의 것일 게다. 그러나 그것은 1행에 등장하는 '내 해골'을 가리킬지도 모르는데, 왜냐하면 지금 시적 화자는 자기 자신의 해골의 구멍을 파고 있는 중이기 때문이다. 다른 누구의 사체가 내 해골에 갑자기 끼어들 순 없는 노릇 아니겠는가? 그렇다면 "누구인지 모를 사체"는 결국 자기 자신의 주검을 가리킨다. 이러한 해석에 따라, 1행에서 10행까지의 내용은 이렇게 정리해볼 수 있다. '나'는 '내 해골'의 썩은 구멍을 "후벼 파"고 "자고 일어난 뒤 옆으로 돌아"간 입으로 그 구멍을 "씹어 먹고 있"다. 그런데

웬 사체가 그 구멍에 끼여 있었고, '나'는 그 사체의 해골바가지에 담긴 흔들림의 물을 마신다. 하지만 그 사체는 바로 나의 사체였다는 것. 이렇게 해석해서 읽는다면, 이 시는 시 쓰기 과정을 그린 것으로 생각할 수 있는 것이다. 즉 시 쓰기란 바로 나의 해골에 구멍을 파고 이제는 낯설어진 죽은 나와 만나서는, 그 죽은 나의 생각을 마시는 과정으로 이루어진다는 것.

시 후반부에 나오는 '허물'은 이 시가 시 쓰기에 대한 시라는 점을 뒷받침해준다. "내가 후벼 파서 문드러진 구멍에서" "미끄러지"는 복숭아는 과즙을 흘린다. 그리고 뱀은 "구멍으로 들어가기 위해" 뱀이 "화사한 긴 옷을 벗"어 놓는다. 그 긴 옷은 바로 "지랄 같은 내 구멍에" 걸려 있는 "철 지난 허물"을 가리킬 테다. 그렇다면 미끄러지는 복숭아란 구멍으로 들어가는 뱀과 상관관계가 있다. 그 관계는 성적인 관계다. 뱀은 복숭아를 먹기 위해 구멍으로 들어가고, 복숭아는 과즙을 흘리며 뱀은 허물을 남긴다. 허물은 복숭아의 과즙에 젖을 것이다. 허물을 시로 해석하고 과즙을 말로 해석한다면, 시인에게 시 쓰기는 구멍을 후벼 파고는 나의 해골바가지에 담긴 흔들림의 물을 마시면서 그 구멍에 뱀을 들여놓는, 즉 복숭아에의 욕망을 풀어놓는 과정이다. 그리고 이 과정에서 시라는 허물이 "내 구멍에 걸려 있"게 되는 것이다. 시인이 「아울렛, 허물」에서 "나에게서 떠나간 것을 찾기 위해/몸부림을 쳐도 다시/이동해야 하는 운명 같은/이 전자유목의 아울렛 매장에서/나를 떠나간 허물이여 돌아오라"고 말할 때, 시인에게 그 다시 찾고 싶은 대상인 허물이란 잃어버린 무엇이며 그래서 과거의 흔적을 담고 있는 것을 의미한다. 시인은 이 '허물-시'를 되찾기 위해 물신의 구멍에 빨려 들어간 세계 속에 썩은 구멍을 후벼 파서 흔들림의 물을 마시고 복숭아를 으깨어 과즙을 흘린다. 착란의 형식으로 배치될 이 흔들리고 문드러진 말들은 시가 될 것이다.

이러한 착란의 형식에 대해 시인이 자신의 주관적인 몽환을 무책임하게 펼쳐 보인 것이라고 할 수는 없다. 이 형식은 물신의 '신성'에 대해 예민하게 반응하면서, 이에 대한 이영수 시인 나름의 대응으로서 형성되는 것이기 때문이다. 또한 시인이 이 물신의 세계에 대해 대응할 수 있었던 것은, 그가 현대에 대해 깊게 탐구하고 예리하게 비판할 수 있었기 때문이다. 그 현대-삶을 사물화하고 파괴하는 물신의 세계-에 대한 시인의 대응은, 도리어 세계와 자신을 살해함으로써 역설적으로 주체성을 회복하고 이에 따르는 착란적인 말을 통해 물신지배의 무기인 도구적 합리성을 뒤흔든다는 데에 있다. 신자유주의 광풍이 불고 있는 한국의 물신 세계는 사람들의 삶을 더욱 영악하게 함락하고 잔인하게 파괴하고 있다. 시는 이러한 세계에 대해 비판하고 대항해야 한다. 이러한 시기에 이영수의 새 시집은 적지 않은 의미가 있다고 생각한다. 이 시집은 현대의 물신에 대항하는 유효한 무기가 될 수 있기 때문이다.

시인시각시선 007
깊어지는 건물

초판인쇄 2011년 12월 7일　초판발행 2011년 12월 13일
지은이 이영수　펴낸이 김충규　펴낸곳 문학의전당
디자인 이효숙(fbicafe@naver.com)
출판등록 제387-2003-00048호(2003년 9월 8일)
주소 420-752 경기 부천시 원미구 상동 392 한아름마을 1511-1603
편집실 121-718 서울시 마포구 공덕2동 404번지 풍림VIP빌딩 413호
전화번호 02-852-1977　팩시밀리 02-852-1978
블로그 http://blog.naver.com/mhjd2003　전자우편 mhjd2003@naver.com

ISBN 978-89-97176-13-7 03810